AF563504

LES JUSTES DEVOIRS

RENDUS A LA MEMOIRE

DE TRES-HAUTE, TRES-PUISSANTE ET TRES-VERTUEUSE PRINCESSE

LOUISE CHARLOTE

DE LA TOUR D'AUVERGNE.

Dans la Chapelle du Seminaire des Missions Estrangeres, Pour l'Anniversaire de sa Mort.

Le XXVI. Avril M. DC. LXXXIV.

A PARIS,

AVEC PERMISSION.

LES IVSTES DEVOIRS

Rendus à la Memoire

DE TRES-HAVTE, TRES-PVISSANTE & tres-Vertueuse Princesse

LOÜISE CHARLOTE DE LA TOVR D'AUVERGNE.

Dans la Chapelle du Seminaire des Missions Estrangeres, pour l'Anniversaire de sa Mort, Le 26. Avril 1684.

LE Seminaire des Missions Estrangeres êtabli à Paris, voulant rendre à la memoire de Mademoiselle de Boüillon des devoirs de pieté & de reconnoissance, a choisi le 26. d'Avril pour une action si sainte, & pour le faire avec toute la propreté que la petitesse du Lieu a pû permettre, on a pris pour suiet de la Decoration le Sacrifice de son Cœur, qu'elle a donné en mourant à cette Maison.

A l'entrée on void une Mort assise sur un Tombeau

à l'antique, devant lequel elle estend le Gonfanon des Armoiries de la Maison d'Auvergne, rempli de cette inscription.

C'est ce qui est écrit sur la boette d'argent, où est le Cœur de cette Princesse.

SACRIFICIO CORDIS
SERENISSIMÆ
LVDOVICÆ CAROLÆ
A TVRRE-ARVERNIÆ,
AFFERTE VOTA, NON LACHRYMAS
HAC ASPERSIONE NON INDIGET
AMORIS ROGVS
VBI VICTIMA
COR
VIRGINITATE CANDIDVM,
CHARITATE RVBICVNDVM.

C'est à dire.

Apportez des Vœux & des Prieres au Sacrifice du Cœur de tres-Haute, tres-Puissante & tres-Vertueuse Princesse LOVISE CHARLOTE de la Tour d'Auvergne. Eloignez-en les larmes, elles ne sont pas necessaires à cét holocauste d'Amour, où un Cœur vierge s'immole aux ardeurs de la Charité.

Au dessus de ce corps d'Architecture s'éleve un Fronton, qui porte dans un lozange les Armoiries de la Maison de la Tour d'Auvergne, avec celles de ses principaux appanages, accompagnées du manteau fourré d'hermines, de la Couronne Ducale, & d'un Feston de roses & de lys, qui sont les Symboles de la pudeur & de la Virginité, avec ces mots.

Circumdabant eam flores Rosarum & lilia convallium.

De Roses & de Lys, son Cœur fut couronné.

Sur toute la Facade tenduë de noir, regne une grande Corniche portée au lieu de Consoles par des testes de mort couronnées de Laurier & de Cyprez, avec des aisles estenduës de Chauvesouris, des Vrnes & des Sables à marquer les heures, qui sont les Hierogliphiques de la Mort. Toute la plate bande est remplie par intervales de Fleurdelys d'or, & de Tours d'argent, qui sont les pieces des Armoiries de la Maison de la Tour d'Auvergne. Au dessous de cette Corniche, couronnée de quatre Frontons, remplis des Chiffres de la defunte, deux Litres de satin blanc sont estenduës & chargées des Ecussons de ses Armoiries à distances égales.

Dans la Chapelle, la Machine funebre est un Autel à l'antique, sous une espece d'Imperiale de quatre grandes Consoles qui s'unissent vers le faiste à une Couronne d'Estoiles, Symbole de l'immortalité, & de la recompense des Iustes. Ces quatre Consoles de marbre blanc, veiné de Rouge, pour marquer la pureté, & les saintes ardeurs du Cœur qui repose sur cet Autel, où il s'est sacrifié, portent sur un fond noir des Tours d'argent & des Larmes, pour signifier que la Maison de la Tour, peut pleurer la perte qu'elle a faite d'un Cœur si genereux, qui fait les plaisirs du Ciel aprés sa mort, comme il en a fait la joye, & l'admiration durant sa vie.

Ces quatre Consoles sont posées sur autant de Piedestaux qui flanquent une Balustrade quarrée, peinte de Bronze doré & de marbre noir, dans laquelle est enfermé l'Autel depositaire de ce Cœur. Il est sur un grand Carreau, dans une boëte d'argent, couronné d'une Couronne Ducale d'or, avec un Crespe noir estendu sur ces marques d'honneur. Les Marches de l'Autel, les appuis de la Balustrade, les retours des Consoles & les angles des Piedestaux sont chargés de Cassolettes de Chandeliers, de Girandoles de cristal, & de Phares d'argent allumez.

Les huit Vertus, dont le Fils de Dieu a fait autrefois le caractere de la Beatitude, & de la Perfection de la vie Chrestienne, sont assises sur les Consoles, & soutenant d'une main la Couronne de Gloire, font voir que c'est par ces vertus, que l'on se rend digne de recevoir dans le Ciel la recompense eternelle, dont Mademoiselle de Boüillon jouit à present, comme nous osons esperer sur les exemples constans d'une vie toute innocente, qu'elle a toûjours employée à la pratique des plus solides vertus. Ces huit Vertus sont la *Pauvreté* d'esprit & le detachement de toutes choses, qui est si rare dans les personnes qui sont nées comme elle dans une grande fortune. *L'Humilité*, *la Douceur*, *la Mortification*, *le Zele* ardent du salut & de la perfection, la *Paix* de l'ame au milieu des tentations, des craintes, des scrupules, & des peines d'esprit, dont Dieu éprouve assez souvent les Cœurs les plus innocens, & les ames les plus fideles. La *Pureté* de Cœur. La *Misericorde* ou la compassion envers les Pauvres. Et la *Patience* qui a couronné tant de Saints au milieu des persecutions, qui sont inseparables de l'estat de cette vie. Ces Vertus assises sur les Consoles tiennent des Festons de Fleurs avec ces mots appliquez au Cœur de Mademoiselle de Bouillon.

Humili.

Miti.

Lugenti.

Esurienti & sitienti justitiam.

Pacifico.

Mundo.

Misericordi.

Patienti.

Le Feston de *l'Humilité* & de la *Douceur* est de Violettes. Le feston de la *Mortification* & du *Zele* de Fleurs de la Passion, & de Roses. Le feston de la *Paix* & de la *Pureté* de branches d'Olive & de Lys. Le Feston de la *Misericorde*, & de la *Patience* de Baume & d'Anemones.

Les seize Panneaux des Piedestaux, sont remplis d'autant de Passages de l'Ecriture, où il est parlé du Cœur, & des qualitez que doit avoir celuy des Iustes; par rapport à ces Vertus.

Par quelques uns de ces Passages, cette vertueuse Princesse parle elle mesme à Dieu, & luy dit avec le Roy Prophete.

Confitebor tibi Domine in toto corde meo. Ps. 102.

De tout mon Cœur, Seigneur, je louray vostre Nom.

Inclinavi cor meũ ad faciendas justificationes tuas. Ps. 118.

I'ay dispofé mon Cœur à vivre sous vos loix.

Cor mundum crea in me Deus. Ps. 50.

Creez un Cœur dans moy qui soit digne de vous.

Tibi dixit cor meum faciem tuam requiram. Ps. 26.

Mon Cœur ne veut chercher, n'y desirer que vous.

Cor contritum & humiliatum Deus non despicies. Ps. 50.

Pourriez-vous refuser un Cœur humble & contrit?

Concalvit cor meum intrà me. Ps. 38.

C'est de vos Feux sacrez que mon Cœur a brulé.

Cor meũ & caro mea exultaverunt in Deum vivũ. Ps. 83.

Et mon Cœur & mon Corps, ne se plaisent qu'en Dieu.

Deus cordis mei & pars mea Deus in æternum. Ps. 72.

Soyez Dieu de mon Cœur, mon unique partage.

Par les autres passages, ceux qui luy rendent ces devoirs de pieté, parlent de son Cœur & de ses Vertus, particulierement de son attachement fidele au service de Dieu.

Lex Dei ejus in corde ipsius. Ps. 36.

La Loy Divine est la Loy de son Cœur.

Innocens manibus, & mundo corde, non accepit in vano animam suam. Ps. 104.

D'un Cœur pur, d'une main innocente & fidele
Son esprit pour Dieu seul a fait agir son Zele.

Lætetur cor quærentium Dominum. Ps. 23.

Qu'un Cœur qui cherche Dieu se console en luy seul.

Tribuat tibi secundum cor tuum. Ps. 19.

Que Dieu de vostre Cœur remplisse les desirs.

De omni corde suo laudavit Dominum.

Son Cœur ne s'occupoit que de plaire à Dieu seul.

Beati mundo corde quoniam Deum videbunt, Math. 5.

Vn Cœur Vierge est heureux, parce qu'il verra Dieu.

Invenisti cor ejus fidele. 2. Esdr. 9.

Ce Cœur fidele à Dieu ne s'est point dementi.

Toute la Chapelle est tendue de noir, & deux Litres

tres de satin blanc, sont chargées d'Armoiries & de Devises qui expriment les Vertus de cette Princesse. Sa soumission à tous les ordres de la Divine Providence, est representée par une fusée attachée à une corde, pour porter le Feu à un certain point, avec ces mots.

Ne forté declinet. Eccli. 9.

De peur qu'un si beau feu ne la mene trop loin.

Pour sa pureté, l'Ocean qui jette hors de son sein tous les debris des naufrages.

Diligit cordis munditiem. Prov. 22.

Il ne peut rien souffrir d'impur, ny d'étranger.

Pour la netteté avec laquelle elle découvroit sa Conscience. Vn rayon du Soleil sur une Nacre fermée.

Novit abscondita cordis. Ps. 43.

Luy Seul a penetré les secrets de mon Cœur.

Pour sa Foy, qui estoit l'ame de toutes ses actions, une Montre qui n'a de mouvement que par le moyen d'une Corde.

Opera ejus in fide. Ps. 32.

C'est l'unique ressort de tous ses mouvemens.

Il y a un double sens en ces mots *In fide*, qui signifient la Foy, & une Corde.

Vne Violette.

Mitis & humilis.

Douce & modeste.

Ce sont les deux qualitez de la Violette la plus douce & la plus petite des Fleurs.

Vn Girasol qui se tourne vers le Soleil.

Desiderium cordis ejus.

Le desir de son Cœur.

C'eſtoit Dieu ſeul qui eſtoit l'objet de ſes deſirs.

Vn Baſſin de Fontaine dans lequel une pierre eſtant jettée, forme des Cercles les uns dans les autres.

Conturbatum eſt cor meum. Judith. 8.

Mon Cœur eſt agité.

Elle eſtoit ſujette à de grands ſcrupules qui l'auroient beaucoup inquietée, ſi elle n'eut eu une parfaite ſoumiſſion.

Vne Montre tirée de ſa boette, & la clef preſte à la monter.

In directione cordis. Pſ. 118.

Sa juſteſſe eſt l'effet de ſa direction.

Vne fuſée qui monte.

Inflammatum eſt cor. Pſ. 72.

C'eſt ſon Cœur enflammé, qui fait qu'elle s'éleve.

Vn Miroir concave expoſé au Soleil dont il reçoit les rayons.

Conferens in corde. Luc. 2.

Son Cœur eſt tout en feu de ces Rayons unis.

Vne Grenade tant ſoit peu ouverte.

In corde meo abſcondi. Pſ. 118.

Ie cache dans mon Cœur ce que j'ay de plus beau.

Pour ſa modeſtie, qui luy faiſoit cacher aux yeux du monde les graces que Dieu luy communiquoit.

Vne pomme de Pin, qui s'ouvre devant un grand feu.

Dilataſti cor meum. Pſ. 118.

Vous ſeul ouvrez mon Cœur par vos pures ardeurs.

C'eſt à Dieu qu'elle parle ainſi dans ſes contemplations.

L'Autel où ſe fait la Ceremonie eſt orné d'un parement noir d'un ouvrage ſingulier. Le fond eſt de Velours noir relevé de Gez de diverſes couleurs, ſi bien menagées, qu'il n'y a rien de ſi delicat & de ſi brillant que cet ouvrage. Sur le milieu eſt un Tombeau à l'antique, où repoſe l'Vrne des Cendres de ce Cœur chaſte & genereux, dont on renouvelle la memoire du Sacrifice, avec celuy de IESUS-CHRIST. On voit ce Cœur avec les Chiffres de cette Princeſſe, qui a vecu dans le monde d'une vie ſi ſainte. La Couronne d'Immortalité qui couronne ce Cœur, nous repreſente la Couronne de Gloire que Dieu luy a donnée dans le Ciel. Les Teſtes de mort, les Lampes fumantes, les branches de Cyprez, & les Larmes qui accompagnent ce Tombeau, ſont icy les anciens Symboles de la mort, n'y ayant rien de tout cela qui convienne à celle-cy, qui a fait la joye du Ciel, & l'exemple de la Terre. Les Caſſolettes & les Parfums y repreſentent ſes exemples, & l'odeur de ſes Vertus. Enfin une Croix fleuronnée & cantonnée de Cœurs enflammez, fait voir le bucher ſur lequel s'eſt fait ce beau Sacrifice d'un Cœur Chaſte, Innocent, Zelé, Charitable & tout penetré de l'amour de Dieu, a qui Seul ſe doivent ces Sacrifices.

Sacrificium Deo.

Monſeigneur l'Eveſque de Gap, aſſiſté de pluſieurs Abbez, & de tous les Eccleſiaſtiques du Seminaire, Officiera Pontificalement.

Mr. Tiberge, l'un des Directeurs de ce Seminaire, prononcera l'Eloge Funebre de cette Princeſſe.

AVIS.

CEUX qui ne sont pas bien instruits des veritables regles des Devises, trouveront peut-estre à dire à celles-cy, où l'on s'est contraint de n'admettre que des mots tirez de l'Ecriture sainte: mais on espere un jour de faire voir qu'il y a peu de personnes qui entendent bien l'Art des Devises, quoy qu'on en ait écrit tant de Traitez. Pour la conduite de la Decoration, ceux qui veulent sçavoir les regles que l'on y doit observer, les pourront apprendre dans un Traité des Decorations Funebres, imprimé depuis peu, Chez R. I. B. DE LA CAILLE, *ruë saint Jacques aux trois Cailles.*

Permis d'imprimer. Fait ce 24. *Avril* 1684.
DE LA REYNIE.

www.ingramcontent.com/pod-product-compliance
Lightning Source LLC
LaVergne TN
LVHW010338230826
846091LV00009B/3927

* 9 7 8 2 0 1 9 9 1 8 8 0 4 *